THIS BOOK BELONGS TO

_____

I AM MAGICAL

I AM STRONG

I AM BEAUTIFUL

I AM SMART

I AM KIND

I AM MAGICAL

I AM STRONG

I AM BEAUTIFUL

I AM SMART

I AM KIND

I AM MAGICAL

I AM STRONG

I AM BEAUTIFUL

I AM SMART

I AM KIND

I AM MAGICAL

I AM STRONG

I AM BEAUTIFUL

I AM SMART

I AM KIND

I AM MAGICAL

I AM STRONG

I AM BEAUTIFUL

I AM SMART

I AM KIND

I AM MAGICAL

I AM STRONG

I AM BEAUTIFUL

I AM SMART

I AM KIND

I AM MAGICAL

I AM STRONG

I AM BEAUTIFUL

I AM SMART

I AM KIND

I AM MAGICAL

I AM STRONG

I AM BEAUTIFUL

_____

_____
_____
_____
_____
_____
_____
_____
_____
_____
_____
_____
_____
_____
_____
_____
_____
_____
_____
_____
_____
_____
_____
_____

I AM SMART

I AM KIND

I AM MAGICAL

I AM STRONG

I AM BEAUTIFUL

I AM SMART

I AM KIND

I AM MAGICAL

I AM STRONG

I AM BEAUTIFUL

I AM SMART

I AM KIND

I AM MAGICAL

I AM STRONG

I AM BEAUTIFUL

I AM SMART

I AM KIND

I AM MAGICAL

I AM STRONG

Made in the USA
Middletown, DE
28 November 2020